STRESSFREI durch die PUBERTÄT

Der große Ratgeber für Eltern: Erziehung, Aufklärung und Gefühle für Jungen und Mädchen in der Pubertät

1. Auflage

Inhaltsverzeichnis

Vorwort

Pubertät! Das Wort klingt inzwischen für viele Eltern beinahe so bedrohlich wie der allseits gefürchtete Ruf *Feuer!* Verbunden ist damit für viele verzweifelte Mütter und gestresste Väter die ernüchternde Frage: *Wer hat unsere niedlichen Kinder gestohlen?* Wo kommen diese frechen Figuren her, die achtlos durch die Wohnung schlurfen, tun, was sie wollen und allen Wünschen ihrer Eltern mit grenzenlosem Unverständnis begegnen?

Karneval am Küchentisch

Ja, liebe Eltern, auch wenn Sie es nicht wahrhaben wollen: Der Zombie am Küchentisch, dieses menschliche Protestschild, diese fleischgeworden Ablehnung aller Spielregeln ist immer noch ihr liebenswerter Sprössling. Allerdings in Verkleidung. In einer mitunter ziemlich anstrengenden Verkleidung. In einer Verkleidung, die es Ihrem Kind erlaubt, über die Stränge zu schlagen, die üblichen Grenzen zu durchbrechen, Vorschriften außer Kraft zu setzen. Wie an Karneval eben. Oder in der Fastnacht. Oder wie immer die fünfte Jahreszeit bei Ihnen heißt. Aber keine Sorge, *die tollen Tage* gehen vorbei, *die närrische Zeit* dauert nicht ewig und in der Regel wird das Kostüm von selbst wieder in den Schrank gehängt. Sie müssen diese Phase nur möglichst gut überstehen – und genau darum geht es in diesem Buch. Es ist nämlich alles gar nicht so schlimm, wie Sie vielleicht denken.

Der Kokon im Kopf

Kennen Sie die Sache mit der Raupe und dem Schmetterling? Das kleine, unscheinbare Krabbeltier spinnt sich in einen Kokon ein, und wenn es wieder zum Vorschein kommt, dann ist es ein großer, wunderschöner Schmetterling. Stellen Sie sich die Pubertät als Kokon vor und freuen Sie sich auf den Schmetterling. Im Gegensatz zur Raupe findet der Kokon bei Ihrem Kind im Kopf statt. Das macht es für

Sie so schwierig – schließlich können Sie ja nicht einfach in den Kopf Ihres Kindes hineinschauen. Während man also bei der Raupe sofort weiß, was Sache ist, kann es bei Ihrem Sohn oder Ihrer Tochter durchaus so sein, dass die Verwandlung zum Schmetterling schon begonnen hat und Sie es gar nicht mitkriegen! Es gibt nämlich leider kein rotes Lämpchen, das Sie warnt. Übrigens gilt das auch für Ihre Kinder. Die wissen oft selbst nicht, dass sie schon einen Kokon im Kopf haben.

Deshalb ist dieses Buch eine gute Idee und eine sinnvolle Investition, die sich auszahlen wird – für alle, für Eltern und für Kinder. Wer die Pubertät erkennt und versteht, braucht sich nicht vor ihr zu erschrecken, sondern kann souverän mit ihr umgehen. Nicht immer. Aber immer öfter. Und plötzlich ist alles vorbei und keiner hat es so richtig gemerkt. Und alle sind wieder glücklich.

Pubertät verstehen: Spanisch kann man lernen!

Bestimmt haben Sie schon einmal die Redewendung *Das kommt mir spanisch vor!* gehört. Damit wird zum Ausdruck gebracht, dass eine bestimmte Sache nicht verstanden wird. Der Ausdruck stammt wahrscheinlich aus der Zeit, als der König von Spanien auch der König von Deutschland wurde – und sein aus Spanien gewohntes Hofzeremoniell einfach mitbrachte. Die Deutschen waren diese fremden Sitten nicht gewöhnt und beäugten sie misstrauisch: Das kam ihnen alles so schrecklich spanisch vor!

So ist es auch in der Pubertät. Die kommt erst einmal auch allen Beteiligten spanisch vor. Den Eltern, den Kindern, dem gesamten Umfeld. Die Eltern fühlen sich von den Kindern unverstanden, die Kinder von den Eltern, alle reden aneinander vorbei – oder, noch schlimmer, gar nicht mehr. Dabei sind gar nicht die

Eltern oder die Kinder das Problem, sondern die neue Sprache, die der Pubertät zu eigen ist.

Es gibt für dieses Problem übrigens eine ganz einfache und naheliegende Lösung: Wenn Sie Spanisch verstehen, kommt Ihnen nichts mehr spanisch vor – und genauso verhält es sich mit der Pubertät. Wer sie versteht, muss sie nicht fürchten. Eltern sollten bei der Sprache der Pubertät nicht zuerst auf ihre Kinder schauen, sondern auf sich selbst. Wenn Eltern nur tief genug in ihrer Erinnerung wühlen, dann werden sie überrascht feststellen, dass sie die Sprache der Pubertät einmal selbst kannten. Sie haben sie nur vergessen – oder verdrängt. Höchste Zeit für eine kleine Auffrischung

Pubertät gestern: Immer dasselbe…

Die Pubertät gab es schon immer. Auch gestern. Und schon immer war sie wie ein Kompass, der in die falsche Richtung zeigt. Bloß nicht nach Norden, bloß nicht dem Wegweiser folgen! Schon immer haben die Alten den Kopf geschüttelt über *die Jugend von heute*. Auch der Jugend von gestern ging das so. Die Jugend von gestern war nämlich auch einmal die Jugend von heute – und wollte alles anders machen als ihre Eltern. Sich abnabeln, erwachsen werden.

Wenn die Kinder noch klein sind, dann bewundern sie die Erwachsenen, sehen zu ihnen auf und ahmen sie nach. Nur zu gern wollen sie sein wie ihre großen Vorbilder, denn die sind schließlich *cool*. Deshalb gibt es viele Spielzeuge, die im Kleinen nachbilden, was die Kinder im Großen bei den Erwachsenen sehen: Werkzeuge, Fahrzeuge, Häuser. Das ist sinnvoll und kann eine gute Vorbereitung auf das Leben sein.

Aber irgendwann kommt der Punkt, an dem es nicht mehr cool ist, die Eltern nachzuahmen. Der Punkt, an dem die Kinder etwas Eigenes wollen. Sie möchten als eigenständige Persönlichkeiten wahrgenommen werden, sind dabei, sich selbst zu finden. Vom Spiegel der Eltern zum eigenen Bild, keine Kopie, sondern originäres Kunstwerk. Das Gefühl der Sehnsucht nach etwas Neuem ist so übermächtig, dass die einzige Konsequenz nur sein kann, mit dem Bestehenden radikal zu brechen.

Übrigens machen Erwachsene das auch so: Wenn sie erst einmal erwachsen sind, dann vergessen sie nur zu gern, dass sie einmal Kinder oder Jugendliche waren. Die Pubertät wird verdrängt, der Kokon im Kopf ausgeblendet. Es ist schließlich ein bisschen peinlich, wie man sich damals verhalten hat – und jetzt ist man doch erwachsen, da will man sich an solche Albernheiten nicht mehr erinnern. Das funktioniert bei manchen Eltern so gut, dass sie ihre *Jugendsünden* wirklich vergessen haben.

Aber so einfach machen wir es uns heute nicht, liebe Eltern. Karten auf den Tisch, Hand aufs Herz und Hosen runter: Wie war das denn damals? Wie war das wirklich? Das Ausscheren, das Rebellieren, das gewollte Anderssein? Es ist doch so: Jede Generation kennt ihre eigenen Pubertätsrituale, und immerzu lösen diese bei den Erwachsenen unverständliches Kopfschütteln aus. Auch wenn Sie es vielleicht nicht hören und wahrhaben wollen: Bei Ihnen war es genauso. Ehrlich!

Streifen wir doch einmal zwanglos durch die Zeit und schauen uns um: Da gab es in den 1960er- und 1970er-Jahren die Blumenkinder, die Hippies, die in luftigen Klamotten oder gleich ganz ohne herumliefen, ihre Autos bunt bemalten und den Rasen rauchten, anstatt ihn zu mähen – und natürlich hörten sie komische Musik. In den 1970er- und 1980er-Jahren trat dann die Disco ihren Siegeszug an; die Jugendlichen wackelten im Flackerlicht einer

Glitzerkugel auf der Tanzfläche herum, trugen viel zu bunte Klamotten und hörten komische Musik. In den 1990ern sehen wir dasselbe Bild: Es war eine schlechte Zeit für Friseure, denn auch die Jungs trugen nun die Haare lang (wenn auch nicht immer schön) und hörten komische Musik.

Komische Musik ist überhaupt ein wichtiges Stichwort! Egal ob Rock, Pop, Techno oder Hiphop: Die Eltern aller Generationen waren sich in einer Sache einig: Das, was ihre Kinder da plötzlich so gerne hörten, war wirklich komisches Zeug. Schon im frühen Mittelalter, als ein junger Mönch plötzlich auf die Idee kam, dass man die Choräle auch mehrstimmig statt nur einstimmig singen könnte, war das Gezeter groß. Heute sind Begleitstimmen bei Liedern selbstverständlich. Es geht also auch ein wenig um individuellen Geschmack und den allgegenwärtigen Generationenkonflikt.

Als die Beatles damals aktuell waren, vor langer, langer Zeit, da waren die Eltern entsetzt über die Horden schreiender Wahnsinniger, in die sich ihre Kinder plötzlich verwandelten. Das gab es bis dahin einfach nicht! Heute wird überall geschrien, sogar bei Helene Fischer, und die Beatles locken keinen toten Hund mehr aus seiner Hütte. Die Idole heute heißen anders – und werden morgen wieder anders heißen. Das ist keine große Sache, sondern der Lauf der Zeit.

Komische Klamotten ist das zweite wichtige Stichwort. Früher ging man mit einem Loch in der Hose zum Schneider, damit er sie flickt. Heute kann man neue Hosen mit Löchern kaufen, weil das cool aussieht (oder aussehen soll). Oder denken Sie an die berüchtigten Miniröcke, die mehr Gürtel als Kleid waren. Oder an diese lustigen Hosen, die halb unter dem Hintern hängen und den Blick auf die teure Markenunterwäsche freigeben – mehr Stolperfalle als Beinkleid, aber der Jugend gefällt's!

Wir nähern uns wieder der Jetzt-Zeit, und Sie merken schon: Es war schon immer so – und es wird immer schlimmer. Aber keine Panik, wir bekommen die Sache in den Griff – versprochen!

Pubertät heute: ...nur viel schlimmer

Heute gibt es die Pubertät natürlich immer noch – sonst müsste ja niemand Bücher wie dieses schreiben oder lesen. Früher war aber nicht alles besser, sondern eben nur vieles anders, und wenn Sie sich ins Gedächtnis rufen, was Sie selbst alles angestellt haben, um Ihre eigenen Eltern auf die Palme zu bringen, dann können Sie sich heute das Klettern vielleicht sparen.

Noch nie hat sich die Welt so schnell gedreht wie heute. Das Angebot zur Freizeitgestaltung ist immens, die Zahl der Einflüsse, die heute auf ihr Kind einwirken, sind geradezu explodiert. In diesem Meer aus Möglichkeiten muss sich ein heranwachsender Mensch erst einmal zurechtfinden. Hinzu kommt ein verstärkter Gruppenzwang, durch den ebenfalls viel Druck aufgebaut wird. Manchmal wird unter diesem

Druck ein Ja gegeben, das eigentlich gar nicht dem Wunsch des Kindes entspringt.

Großen Anteil an der allgegenwärtigen Verwirrung haben die modernen Technologien, vor allem Internet und Smartphone. So sehr die fortdauernde Berieselung durch das Fernsehen seitens Eltern und Pädagogen auch kritisch gesehen wurde, war dieses doch einer gewissen Regulierung unterworfen. Im Internet fallen diese letzten Kontrollmechanismen endgültig weg: Alles, wirklich alles ist zugänglich, was gerade im Fall von Pornografie und Gewaltdarstellungen einen nachhaltigen Einfluss auf junge Menschen ausüben kann.

Online-Computerspiele sind nicht nur wahnsinnige Zeitfresser, sondern können im Extremfall eine labile Persönlichkeit so sehr in ihren Bann ziehen, dass ein Realitätsverlust eintritt und das wirkliche Leben zugunsten der virtuellen Existenz im Netz vernachlässigt wird – mit zum Teil drastischen

Folgen. Weil aber in der Pubertät die Persönlichkeit des Kindes gerade entwickelt wird, bedeutet diese Phase eine erhöhte Anfälligkeit für derartige (Fehl-)Entwicklungen.

Selbst verantwortungsbewussten Eltern fällt es schwer, hier die richtige Kontrolle auszuüben, zumal dies technisch oft gar nicht umsetzbar ist. Entweder fehlt der entsprechende Zugang, oder die Kinder kennen sich weit besser aus mit den modernen Medien als ihre Erziehungsberechtigten. Dieser Zustand kann schnell zu einer Überforderung der Eltern führen – und damit auch eine wenig souveräne Reaktion provozieren.
Aber bedenken Sie: Weiträumig aufgestellte Verbotsschilder locken nur an und steigern das Begehren. Erinnern Sie sich an Ihre eigene Schulzeit: War nicht die VHS-Kassette mit der verheißungsvollen Kennzeichnung *ab 18 Jahren* oder gar *ohne Jugendfreigabe* das Spannendste, was ein Mitschüler aus seinem Schulranzen ziehen konnte?

Oft ging es dabei gar nicht um den Inhalt, sondern nur um das Brechen des Tabus, um die bewusste Grenzüberschreitung.
Heute haben Alterskennzeichnungen und Freigabekontrollen enorm an Bedeutung verloren. Zwar werden sie noch immer erstellt und der Handel muss sich daran halten, aber das Internet ermöglicht es den Kindern spielend leicht, alle Inhalte zu konsumieren, die sie haben möchten. Hier sind also die Eltern gefordert, und das mehr denn je. Aber das ist gar nicht so einfach!

Ohne jammern zu wollen, kann man doch nüchtern feststellen: Eltern haben es heute während der Pubertät ihrer Kinder besonders schwer. Sie sind heute sozusagen von Feinden umzingelt. Es ist wie das Fliegenfangen: Haben Sie eine erwischt, schwirren schon vier neue um ihren Kopf. Ein Kampf gegen Windmühlen, den Sie nicht gewinnen können – deshalb sollten Sie es auch gar nicht erst versuchen.

Zum Glück gibt es einen weit besseren Ansatz, den wir Ihnen später verraten werden.

Der Sinn der Pubertät: Jedes Ziel braucht seinen Weg

Ob Sie es glauben oder nicht: Dieser ganze Unsinn, den wir uns gerade zusammen angesehen haben, hat tatsächlich einen guten Sinn. Die Pubertät ist nicht nur eine wilde Laune der Natur, um die Menschen einmal so richtig durcheinanderzuwirbeln, sondern läuft auf ein konkretes Ziel hinaus.

Als Eltern erinnern Sie sich vielleicht noch an die Geburt Ihres Kindes. Insbesondere für Mütter kann das eine sehr schmerzvolle Erfahrung sein. Trotzdem wussten Sie ganz genau, dass dieser Schmerz notwendig war, damit Ihr Kind auf die Welt kommen konnte. Ähnlich verhält es sich auch mit der Pubertät. Durch diese schmerzvolle Phase hindurch vollzieht sich eine Art zweite Geburt. Damit ist keine religiöse oder esoterische Erfahrung gemeint, sondern die

Entwicklung der Persönlichkeit, die einer Geburt gleichkommt.

Es ist aber nicht nur eine psychische Veränderung, die Ihr Kind durchlebt, sondern auch eine physische. Genau genommen hängen beide Prozesse untrennbar miteinander zusammen und beeinflussen sich gegenseitig. Im Prinzip wird mit der Pubertät für Ihr Kind alles bisher Vertraute infrage gestellt – das bedeutet eine immense Belastung, die Sie mit viel Empathie begleiten sollten.

Der Startschuss für die Pubertät fällt mit der beginnenden Produktion von Sexualhormonen. Die Körperbehaarung entsteht, die Mädchen bekommen Brüste. Der erste Samenerguss und das Einsetzen der Menstruation sorgen für Verwirrung. Außerdem beginnen die Kinder, das andere Geschlecht, mit dem man bislang vielleicht völlig unverfänglich zusammen gespielt hat, mit neuen Augen zu sehen. Bislang ungekannte sexuelle und romantische Gefühle entwickeln sich, die sich nicht immer gleich einordnen lassen und auf die werdenden Jugendlichen sehr belastend wirken können.

Oft sind das keine Themen, die ein Heranwachsender mit seinen Eltern besprechen möchte, weshalb die daraus entstehenden Fragen und Belastungen innerlich ausgetragen werden. Die Eltern nehmen diese unsichtbaren Kämpfe nur in den nach außen dringenden Spitzen wahr, die sich in Stimmungsschwankungen und unvermittelt heftigen Reaktionen ausdrücken. Dazu können emotionale Ausnahmesituationen wie Liebeskummer, Depressionen und Aggressivität gehören, aber auch körperliche Leiden wie Essstörungen.

Nicht zwingend, aber doch häufig und für die Betroffenen äußerst unangenehm geht eine vermehrte Pickelbildung einher, die sich bis zur Akne steigern kann. Das ist eigentlich ganz normal und in der Regel zeitlich begrenzt, weil nur in dieser Phase die

Talgdrüsen viel überschüssiges Fett produzieren. Aber all diese nüchterne medizinische Erkenntnis nützt einem Heranwachsenden, der sich deshalb von seinen Klassenkameraden verspotten lassen muss oder beim Blick in den Spiegel einen furchtbaren Schreck kriegt, nicht wirklich weiter.

Für die Kinder ist das so, als würden sie durch ein Portal in eine andere Welt geschubst, die nach völlig fremden Regeln funktioniert, die sie noch nicht wirklich verstehen. Für die Eltern kann es aber nur hilfreich sein, wenn sie wissen, was gerade bei ihren Kindern geschieht. So lassen sich bestimmte Ereignisse und Verhaltensweisen besser einordnen und sorgen nicht gleich für große Ratlosigkeit.

Alles, was in der Pubertät geschieht, dient einem bestimmten Zweck. Es ist eine Art Astronautentraining, das die Kinder durchlaufen müssen, um später mit dem Raumschiff in das Weltall starten zu können. Das macht wenig Spaß, solange man mittendrin steckt – ist das Gröbste aber erst einmal überwunden, stehen dem jungen Erwachsenen endlich die nötigen Gaben und Kenntnisse zur Verfügung, um sich in der großen Welt behaupten zu können.

Damit aber dieses besondere Astronautentraining sein Ziel erreicht, braucht das Kind jede Hilfe, die es kriegen kann – auch wenn es sich so gebärdet, als wolle es niemanden sehen. Wenn Eltern in dieser schwierigen Zeit die richtige Ansprache und eine einfühlsame Begleitung gelingen, können sie für ihr Kind von unschätzbarem Wert sein und viel zu einer gelingenden Persönlichkeitsentwicklung beitragen.

Kennzeichen der Pubertät: Keine Behandlung ohne richtige Diagnose

Ist das schon Pubertät oder ist das Kind nur bockig? Frühere Kinderkrankheiten wie die Masern oder die Windpocken konnten Sie relativ leicht erkennen – zur Not half dabei eben der Kinderarzt. Mit der Pubertät verhält es sich da schon schwieriger: Die Symptome sind nicht immer gleich zu erkennen und auch nicht immer ganz eindeutig. Zu allem Überfluss kommt erschwerend hinzu, dass auch noch zwischen Vorpubertät und eigentlicher Pubertät unterschieden wird.

Vorpubertät: Die Ruhe vor dem Sturm

Frühreife ist ein großes Thema unserer modernen Zeit. Die Entwicklung der Kinder setzt oft früher ein, als das bislang üblich war, schließt sich aber nicht notgedrungen auch schneller ab. Stattdessen klafft eine Lücke zwischen Kindheit und Pubertät, die den

Betroffenen, Kindern wie Eltern, viel zu schaffen machen kann. Die Grenzen zwischen Vorpubertät und Pubertät sind fließend, die Anzeichen überschneiden sich. Die Bezeichnung Vorpubertät gilt nicht als wissenschaftlich anerkannter Fachbegriff, sondern soll eine allgemeinsprachliche Orientierung bieten. Für Entwicklungspsychologen ist die Vorpubertät einfach der Beginn der Pubertät.

Charakteristisch für die Vorpubertät ist oft eine umfassende Lustlosigkeit. Das Kind reiht plötzlich eine Null-Bock-Phase an die andere und kann sich zu keiner Sache richtig motivieren. Im Gegensatz dazu entwickelt Ihr Kind ein ausgeprägtes Interesse an seiner Privatsphäre und sieht Sie gar nicht mehr gern in seinem Zimmer. Aufgeräumt wird jetzt allein – und wenn Sie bei einem heimlichen Blick in das Kinderzimmer dann ein heilloses Durcheinander von vielgeliebtem Kinderspielbezeug und Teenagerartikeln erspähen, dann wissen Sie, was die Stunde geschlagen hat.

Es ist der scharfe Gegensatz zwischen kindlichem Verhalten und entschiedener Abgrenzung, der für die Vorpubertät kennzeichnend ist und der viele Eltern überfordert. Vor allem der oft rasche Wechsel zwischen diesen beiden Extremen macht das Kind in dieser Phase so unberechenbar – zumal die körperliche Veränderung noch nicht begonnen hat und das Kind vielleicht äußerlich noch immer aussieht wie der kuschelige Wonneproppen, den Sie bisher gewohnt waren. Viele Eltern sind dann entsetzt, schließlich geht ihr Kind noch in die Grundschule! Aber das ist alles normal. Ganz normal.

In dieser Zeit gewinnen auch Idole für die werdenden Jugendlichen an Bedeutung. Bei Mädchen hängt anstelle des Einhorn-Posters jetzt eine Popsängerin an der Wand, bei Jungen ist es ein Sportler oder ein Rapper. Entscheidend für die Auswahl ist hier wie so oft auch, was die anderen Kinder aus der Schule gerade mehrheitlich toll finden. Dann werden die beim auserkorenen Vorbild gesehenen Verhaltensweisen nachgeahmt – ohne dass die Kinder sich deren Bedeutung immer bewusst wären. Wenn Ihre Tochter also plötzlich die lasziven Bewegungen einer Sängerin nachmacht, ist das nicht zwangsläufig ein Indiz für sexuelle Frühreife.

Pubertät: Plötzlich ist alles ganz anders

Kommt die eigentliche Pubertät voll zum Tragen, gehört das kindliche Verhalten endgültig der Vergangenheit an und die Abgrenzung von den Eltern und bisher etablierten Ritualen steht im Vordergrund. Plötzlich ist die Mutter nicht mehr die beste Freundin und Kuscheln mit dem Vater gilt als uncool. Kinder wollen mit einem Schlag erwachsen sein, verbergen aber hinter diesem Verhalten eine tiefsitzende und belastende Unsicherheit.

Das müssen Sie als Eltern immer im Hinterkopf behalten – Superman und Wonder Woman sind trotz allem Getöse nur Kostümierungen ohne echte

Superkräfte. Hinter der ungestümen Kraftpose steckt der Wunsch nach Grenzauslotung und Grenzüberschreitung. Dazu gehört auch der – vielleicht sogar unbewusste – Wunsch, die Eltern zu schockieren, auf Abstand zu halten. Da wird plötzlich ein bewusst anderes Weltbild vertreten, als es das Elternhaus vorlebt. Das bedeutet nicht, dass dieses Weltbild wirklich verinnerlicht wurde und der Überzeugung des Kindes entspricht – es ist vielmehr ein Akt der Abgrenzung.

Oft ist diese Abgrenzung in ihrer Intensität von den Pubertierenden gar nicht gewollt, wird aber vom Zwang der Gruppe erfordert – schließlich will man nicht anders sein als die anderen, will nicht als Außenseiter gelten. Die normative Kraft der Altersgenossen ist einer der wichtigsten Orientierungspunkte in der Pubertät, während die elterliche Autorität in den Hintergrund tritt.

Abschließend muss noch einmal der einschränkende Hinweis erfolgen, dass Kinder wie alle Menschen individuelle Persönlichkeiten mit ganz unterschiedlichen Veranlagungen sind. Auch die Pubertät wird sich also von Kind zu Kind verschieden äußern. Manchmal sind es nur Nuancen, die voneinander abweichen, dann zeigen sich wieder große Unterschiede. Die eben vorgestellten Punkte sind also nicht als Checkliste zu verstehen, die Sie einfach nach und nach abhaken können.

Die stille Pubertät: Ein Phänomen der Moderne

Die gewachsene Wahl der Möglichkeiten, Verzweigungen und Individualisierungsprozesse hat dafür gesorgt, dass die Trennlinien zwischen den Generationen heute weniger scharf verlaufen als früher. Statt des Kollektivs steht das Individuum im Vordergrund, was unter Umständen dazu führen kann, dass Ihr Sohn oder Ihre Tochter bei oberflächlicher Betrachtung kaum auffälliges Protestgebaren an den Tag legt. Auf den ersten Blick spart Ihnen das tatsächlich eine Menge Stress – aber täuschen Sie sich nicht darüber hinweg, dass auch hier innere Kämpfe stattfinden und Belastung vorhanden ist.

Die Pubertät in der Theorie: Spielen Sie nach den Regeln

Falls Sie jetzt schon verzweifelt einen Kassenzettel suchen, mit dem Sie Ihr Kind gegen ein pflegeleichteres Modell eintauschen können oder über den Eintritt in eine Selbsthilfegruppe pubertätsgeschädigter Eltern nachdenken – vergessen Sie's! Die Pubertät ist kein Grund zur Verzweiflung, solange Sie ein paar Regeln kennen, nach denen dieses Spiel gespielt wird.

Die vielleicht wichtigste Regel, die Sie beherzigen müssen und immer im Hinterkopf behalten sollten, liest sich zunächst etwas ernüchternd: Sie werden Fehler machen. Sie werden Fehler machen, weil Sie gar nicht anders können – es ist einfach nicht möglich, während der heiklen Phase der Pubertät alles richtig zu machen. Zu unterschiedlich und vielschichtig sind menschliche Befindlichkeiten, als dass Sie in jeder Situation den richtigen Ton treffen könnten.

Wenn Sie mit Humor, Mitgefühl und viel Liebe an die Sache herangehen, auch dann, wenn Türen knallen und Trotzreaktionen erfolgen, sind Sie auf dem richtigen Kurs.

Die richtige Einstellung bestimmt den Kurs

Im Fußball ist es eine wichtige Aufgabe des Trainers, seine Mannschaft auf den nächsten Gegner einzustimmen. Das trifft auch auf Eltern, Kinder und die Pubertät zu. Sie müssen sich im Klaren darüber sein, was auf Sie zukommt und wie Sie damit umgehen, damit die Wucht und der Ablauf der Ereignisse Sie nicht überrascht und überfordert.

In der Pubertät hängt der Himmel nicht voller Geigen – stattdessen werden ziemlich häufig die Becken aufeinander knallen und für ziemlich viel Lärm sorgen. Darauf müssen Sie gefasst sein und dürfen nicht jeden Ausbruch Ihres Kindes persönlich nehmen. Begegnen Sie der nach allen Seiten hin plötzlich ausschlagenden Nadel auf der Emotionsskala Ihres Kindes mit größtmöglicher Gelassenheit.

Auch wenn Ihr Kind Sie zu Unrecht attackiert oder bisweilen die richtigen Umgangsformen vermissen lässt, darf Sie das nicht aus der Fassung bringen. Es ist wichtig, dass Sie der ruhende Pol in der Familie sind und Ihrem Kind emotionalen Halt und Sicherheit gewährleisten – selbst wenn es so aussieht, als ob es diese gar nicht in Anspruch nehmen möchte.

Viele Eltern reagieren überrascht und ratlos, wenn ihre Kinder plötzlich und unerwartet in die Pubertät eintreten. Entsprechend wenig souverän fällt dann auch die Reaktion aus – und die Dinge eskalieren schneller und stärker, als es eigentlich sein müsste. Deshalb ist die mentale Zurüstung enorm wichtig.

Machen Sie sich klar, dass etwas auf Sie zukommt – und was es ist.

Es kann nichts schaden, wenn Sie sich einen Einkaufszettel schreiben. Einen Einkaufszettel an Eigenschaften, die Sie für diese schwierige Zeit benötigen. Machen Sie einen Reality Check und formulieren Sie anhand der oben aufgeführten Punkte, was Sie in der Pubertät Ihres Kindes erwartet – und wie Sie darauf reagieren.

Gleiches mit Gleichem zu vergelten, ist im negativen Sinn verstanden nie eine gute Idee. Auch in der Pubertät ist es wichtig, Böses mit Gutem zu beantworten. Reagiert Ihr Kind impulsiv, dann bleiben Sie ruhig. Wird es aggressiv, dann bleiben Sie freundlich. Lassen Sie sich keinesfalls auf dem falschen Fuß erwischen und regen Sie sich nicht auf. Auch auf das Pubertätsgewitter folgt Sonnenschein!

Sprechen Sie als Eltern mit einer Stimme

Auch wenn sie sich in der Pubertät bisweilen ganz schön dämlich aufführen: Kinder sind clever. Gerade im Umgang mit den Eltern, wenn es darum geht, eigene Interessen und Wünsche durchzusetzen, legen Kinder häufig eine erstaunliche Gerissenheit an den Tag.

Eine bei Kindern ungemein beliebte Strategie ist es, Eltern gegeneinander auszuspielen. Setzt der Vater die Ausgangszeit in den Augen des Sprösslings zu kleinlich fest, dann wird eben hinter seinem Rücken noch einmal mit der Mutter verhandelt. Hat dieses Vorgehen Erfolg, dürfen die Eltern sich darauf einstellen, dass der in solchen Fällen äußerst lernwillige Nachwuchs auch weiter auf diese Karte setzt.

Der größte Fehler, den Sie als Eltern in einer solchen Situation machen können, ist es, sich in

Grabenkämpfe verwickeln zu lassen und diese womöglich noch vor den Kindern auszutragen. Wenn Sie beispielsweise in der Frage der Ausgangszeit unterschiedlicher Auffassung sein sollten, dann diskutieren Sie das hinter verschlossenen Türen und nicht im Beisein der Kinder!

Reden ist überhaupt ein gutes und wichtiges Stichwort: Das sollten Sie als Eltern nicht nur mit Ihren Kindern tun, sondern vor allem untereinander. Setzen Sie sich zusammen, sprechen Sie darüber, was Sie in der Pubertät Ihres Kindes erwartet und stimmen Sie Ihre Vorstellungen von einer passenden Reaktion und einer angemessenen Erziehung ab.

Am besten setzen Sie zusammen einen schriftlichen Regelkatalog fest, der für beide Elternteile verbindliche Eckpunkte enthält: Wie lange darf der Nachwuchs ausbleiben, wie wird der Umgang mit bestimmten heiklen Dingen – Alkohol, Zigaretten, Beziehungen – gehandhabt. Einige Anregungen für eine angemessene Vorgehensweise für viele Gelegenheiten finden Sie im 4. Kapitel dieses Buches.

Das ist auch deshalb wichtig, weil Kinder in der Pubertät dazu neigen, sich ein favorisiertes Elternteil auszusuchen. Häufig ist das der Teil, der dem Kind mehr Freiraum lässt und viel erlaubt. Dieses Verhalten kann durch eine gute Abstimmung der Eltern zumindest reduziert werden. Auf keinen Fall sollte das zurückgesetzte Elternteil sich aber beleidigt geben – dieses Verhalten lässt meist von selbst wieder nach.

Auch in der Pubertät bleiben Eltern wichtige Vorbilder für die Kinder – dies geschieht nur auf eine viel subtilere Weise als zuvor, wo die Kleinkinder die Eltern noch unmittelbar und ausdrücklich nachgeahmt haben.

Wer schreit, hat Unrecht: Treffen Sie den richtigen Ton

Kinder sind keine Geräte, deshalb gibt es auch keine allgemeingültige Gebrauchsanweisung, so praktisch und bequem das auch wäre. Aber Sie sollten Ihre Vorbildfunktion allen pubertätsbedingten Spannungen zum Trotz nicht unterschätzen: Wenn Sie im Streit in die Fäkalsprache abgleiten, dann wird dieses Verhalten sehr wohl registriert – und nichts lernen Kinder von ihren Eltern so gern wie Schimpfwörter.

Auch wenn Ihre Kinder während der Pubertät zu impulsivem und trotzigem Verhalten neigen und vielleicht aus dem Nichts an die Decke gehen, hat es keinen Zweck, wenn Sie dies auch tun und zurückschreien. Lassen Sie sich allem Ärger zum Trotz nicht reizen und nicht provozieren – weder Sie noch Ihre Kinder haben etwas davon. Wenn die Fronten verhärten, führt das nur zu Entfremdung und mehr Unverständnis.

Es ist zugegebenermaßen gar nicht so leicht, den richtigen Ton bei einem pubertierenden Kind zu treffen. Verständnis und Einfühlsamkeit sind wichtig, sollten aber nicht missverstanden oder gar überinterpretiert werden: Sie sind die Eltern ihres Kindes, nicht Teil seiner Clique. Sie sollten auch überhaupt nicht erst versuchen, das zu werden. Das bedeutet: Versuchen Sie nicht, sich jünger zu machen, als Sie sind. Eltern, die sich darum bemühen, in einer vermeintlich hippen Jugendsprache auf Augenhöhe mit dem Nachwuchs und deren Freunden zu sprechen, sind in den Augen der Kinder (und übrigens auch der meisten Erwachsenen) einfach nur furchtbar albern und peinlich.

Vergessen Sie nie, Ihr Kind zu loben. Lob ist gerade für Teenager ein wichtiges Feedback – aber es sollte immer ehrlich und dem Anlass angemessen sein. Wenn Sie Ihr Kind wahllos mit Komplimenten überschütten, verlieren diese inflationär an Wert und damit auch an Wirkung. Sehen Sie auch zu, dass Sie Ihr Lob vernünftig begründen, sodass es glaubhaft und überzeugend wirkt.

Behandeln Sie Ihr Kind wie ein vernunftbegabtes Wesen und zollen Sie ihm den nötigen Respekt als werdender Erwachsener. Nichts verletzt Pubertierende mehr als Missachtung und Geringschätzung. Kanzeln Sie Ihre Kinder nicht ab, lassen Sie ihnen aber auch nicht alles durchgehen. Regeln sind und bleiben wichtig, auch in der Pubertät – nur sollten diese Regeln transparent und konsequent gesetzt und eingehalten werden.

Seien Sie als Eltern im Umgangston auch untereinander ein Vorbild! Wenn Vater und Mutter im Alltag respektvoll miteinander umgehen, bei Konflikten die Meinung des anderen gelten lassen und sich nicht anschreien oder gar beleidigen, dann stehen die Chancen gut, dass auch das Kind in der Wahl seiner Mittel weniger aggressiv zutage tritt.

Geben Sie Verantwortung an Ihr Kind ab

Als Ihr Kind klein war, haben Sie es gefüttert, gewickelt und durch die Gegend geschoben. Irgendwann fing es an zu laufen, und Sie waren darüber stolz wie Bolle. Das ist der richtige Geist! Diesen sollten Sie jetzt auch beibehalten und kultivieren. Ihr Kind will ein gewisses Maß an Selbstständigkeit und Respekt, also beziehen Sie es in die täglichen Abläufe mit ein.

Ihr Kind wünscht sich in der Pubertät vor allem mehr Freiheiten und möchte eine gewisse Eigenständigkeit beweisen. Das ist ganz normal und auch in Ordnung. In einem vernünftigen Rahmen sollten und müssen Sie diesem Wunsch nachgeben. Gleichzeitig darf aber nicht unter den Tisch fallen, dass Erwachsene nicht nur mehr Freiheiten haben als Kinder, sondern auch mehr Pflichten.

Es ist vornehmlich Ihre Aufgabe als erziehungsberechtigte Instanz, dem Kind dieses Gleichgewicht aus Rechten und Pflichten zu vermitteln. Ein gutes Beispiel ist die Anschaffung eines Haustiers: Ein Hund bringt viel Freude für die Kinder mit – aber auch die Verpflichtung, ihn zu füttern, zu waschen und vor allem regelmäßig auszuführen. Freiheit und Pflicht hängen also eng miteinander zusammen.

Ein anderes, sehr praxisnahes Beispiel und Lerninstrument ist das Taschengeld: Ihr Kind darf mit dem von Ihnen festgesetzten Betrag tun, was immer es möchte – es gibt aber keinen Nachschlag. Mit einer möglichen Erhöhung könnten Sie auch die Verpflichtung verbinden, für bestimmte kleine Dinge selbst aufzukommen, die vorher von den Eltern bezahlt wurden.

Zurückhaltend sollten Sie damit sein, Haushaltspflichten mit dem Taschengeld aufzurechnen. Das kann im Einzel- und Sonderfall durchaus sinnvoll sein, um dem Kind zu verdeutlichen, dass der Erhalt von Geldmitteln mit der Erbringung von Leistung verknüpft ist. Allerdings muss Ihr Kind auch wissen, dass eine Mitarbeit im Haushalt Familiensache ist und alle Familienmitglieder betrifft.

Wichtig ist, dass Ihr Kind die zusätzlichen Pflichten nicht als Strafe oder Schikane empfindet. Vielmehr muss deutlich werden, dass es hier um ein Verhältnis auf Augenhöhe geht. Ihr Kind wird gebraucht! Sie legen Wert auf seine Hilfe und Unterstützung und Sie freuen sich darüber! Dieser Aspekt muss Ihrem Kind unbedingt vermittelt werden, damit in der Familie auch weiter alle an einem Strang ziehen.

Das bedeutet auch, dass Sie Ihr Kind ruhig nach seiner Meinung fragen dürfen. Hören Sie sich aufmerksam an, was es zu sagen hat – und wenn möglich, gehen Sie auf seine Argumente ein. Für Ihr Kind das Gefühl, respektiert und in seinen Ansichten und Meinungen ernst genommen zu werden, von großer Wichtigkeit. Das ändert nichts daran, dass Sie das letzte Wort haben und die äußeren Grenzen abstecken.

Konsequenz und Kompromiss: Die Mischung macht's

In der Pubertät sind mehr denn je Ihre diplomatischen Fähigkeiten gefragt. Sie müssen Ihrem Kind gleichzeitig Brücken bauen und Grenzen ziehen. Das ist eine Herausforderung, auf die Sie sich am besten frühzeitig einstellen.
Strenge ist dabei als Ansatz kaum hilfreich. Strenge bedeutet, dass Sie Ihr Kind einengen und an der Entfaltung hindern. Kurzfristig können Sie so vielleicht Ihren Willen durchsetzen und Ihr Kind auf Kurs zwingen, aber langfristig provozieren Sie damit nur heftige Gegenreaktionen. Wenn eine Sache lange unterdrückt wird, dann gärt sie vor sich hin, bis sie schließlich umso gewaltiger zum Ausbruch kommt.

Eltern, die Ihre Kinder mit übermäßiger Strenge an sich zu binden versuchen, müssen bald oft die leidige Erfahrung machen, dass die Sprösslinge bei der erstbesten Gelegenheit ausziehen und die Verbindung nach Hause ganz kappen.

Besser als Strenge ist Konsequenz. Lassen Sie Ihrem Kind genügend Freiraum, aber ziehen Sie auch Grenzen, auf deren Einhaltung Sie konsequent bestehen. Hier darf nicht der Eindruck eines Spiels entstehen, bei dem das Kind glaubt, es könne Sie auch einmal aus dem Feld schlagen und die Regeln nach eigenem Gutdünken ausdehnen.

Grenzenlose Freiheit tut niemandem gut, keinem Erwachsenen und schon gar keinem Kind. Regeln und Vorgaben sind wichtig, sollten aber nicht ein- oder gar abschnüren. Erstaunlicherweise sehen das die meisten Teenager ganz genauso. Trotz aller Abnabelung spüren sie, dass Regeln und Grenzen wichtig sind und akzeptieren es meist auch, wenn die Eltern diese ziehen – solange das mit Maß geschieht.

Seien Sie sich deshalb nicht zu fein, auch einmal mit Ihrem Kind zu verhandeln – und gewähren Sie dabei auch kleine Erfolge. Warum sich in der festgesetzten Ausgehzeit nicht einmal in der Mitte treffen, sofern diese einen vernünftigen Wert darstellt? Selbst wenn Sie nur eine halbe Stunde zugeben, kann das Ihr Kind als seinen persönlichen Erfolg verbuchen und sich ein Stück weit erwachsener und ebenbürtiger fühlen.

Fragen Sie immer wieder gezielt nach dem Sinn bestimmter Vorschriften. So erkennen Sie im Gespräch mit sich selbst und mit Ihrem Kind vielleicht einen dritten Weg, eine Möglichkeit, an die Sie zuvor gar nicht gedacht haben. So könnten Sie zum Beispiel vereinbaren, dass Ihr Kind sich mit dem Handy bei Ihnen meldet und seinen Aufenthaltsort preisgibt, wenn es einmal über eine bestimmte Uhrzeit hinausgeht. So machen Sie sich keine Sorgen und der Sohn oder die Tochter haben weiter Spaß mit ihren Freunden. Es gibt fast immer eine gute Lösung – und die besten Vereinbarungen sind immer die, die Ihre Kinder aus freien Stücken und innerer Überzeugung mittragen können.

Die Pubertät in der Praxis: So reagieren Sie richtig

Wenn Sie sich aufregen möchten, tun Sie das am besten innerlich. Mit Wutanfällen werden Sie Ihr Kind nicht zur Einsicht bewegen, sondern das kritisierte Missverhalten höchstens bestärken. Es ist klar, dass Sie als Eltern richtig reagieren möchten – aber das ist oft gar nicht so leicht. Im Folgenden möchten wir Ihnen ein paar Fingerzeige geben, wie Sie sich bestimmten Situationen nähern können.

Ihr Kind konsumiert Alkohol und raucht Zigaretten

Je mehr Sie Alkohol und Zigaretten verdammen, desto interessanter wird es für die Kinder. Reden Sie ganz offen über diese Themen und machen Sie kein Tabu daraus. Nehmen Sie das Interesse ernst und sprechen Sie nicht einfach ein scharfes Verbot aus. Bieten Sie

Ihrem Nachwuchs bei Bedarf eine altersgerechte Kostprobe an: Bei einem jüngeren Kind kann das ein Probeschluck aus Vaters Bierglas sein. In vielen Fällen hat sich das Thema dann von selbst erledigt, weil der Alkohol im Grunde noch gar nicht nach dem Geschmack des Kindes ist.

Benennen Sie den Reiz von alkoholischen Getränken und von Zigarettenrauch und stellen Sie dem die gesundheitlichen Risiken und Nachteile gegenüber. Lassen Sie sich ruhig erst einmal von Ihrem Kind erzählen, was es selbst über Alkohol und Zigaretten weiß. Im Anschluss gleichen Sie die beiderseitigen Kenntnisse ab. Denken Sie daran: Wenn Sie wild herumfuchteln und eine knallrote Linie ziehen, dann werden Sie damit möglicherweise nur erreichen, dass Ihr Kind Alkohol und Zigaretten heimlich konsumiert – und dabei die Kontrolle verliert.

Ein Limit ist aber unerlässlich, denn ein Vollrausch ist keineswegs eine akzeptable Erfahrung, die zum

Erwachsenwerden dazugehört, sondern eine ziemlich gefährliche Sache. Zeigen Sie dem Kind ruhig Bilder von Betrunkenen, die jede Kontrolle über sich verloren haben und fragen Sie nach, ob sich Ihr Sohn oder Ihre Tochter wirklich dergestalt zum Affen machen möchten. In der Regel wird die Antwort *Nein!* lauten.

Zigaretten sind überdies ein heikleres Thema als Alkohol. Während Alkohol als gesellschaftlich umfassend akzeptierte Droge gilt, an der es kaum ein Vorbeikommen gibt, sollten Zigaretten auch im Elternhaus tabu sein. Erklären Sie Ihrem Kind, dass Sie seine Entscheidung, mit dem Rauchen anzufangen, bedauern und begründen Sie diese Aussage entsprechend. Das gestaltet sich natürlich etwas schwierig, wenn Sie selbst rauchen. Hier hilft entwaffnende Ehrlichkeit, wenn Sie einräumen, dass Sie es einfach nicht schaffen, damit aufzuhören. Nach Möglichkeit sollten Sie nicht vor Ihrem Kind rauchen und als Nichtraucher konsequent auf die Einhaltung des Rauchverbots in der Wohnung bestehen.

Hilfe, mein Kind kifft – ist eine Tüte Gras noch im grünen Bereich?

Wenn Ihr Kind harte Drogen konsumiert, dann ist das kein pubertätstypisches Verhalten, sondern eine brandgefährliche Situation, bei der Sie keinerlei Toleranz zeigen sollten. Dazu gehören alle Drogen, die der Gesetzgeber als illegal einstuft – auch wenn das Verbot von Cannabis immer wieder stark diskutiert wird. Reden Sie aber immer in Ruhe mit Ihrem Kind über die Gründe für Ihre klare Ablehnung.

Sollten Sie Ihr Kind in einer Situation antreffen, in der es nicht mehr ansprechbar ist oder besonders auffällige Verhaltensweisen an den Tag legt, ist dies ein Notfall, in dem Sie umgehend professionelle Hilfe in Anspruch nehmen sollten. Das gilt auch dann, wenn ein sachliches Gespräch über den Drogenkonsum des Nachwuchses nicht mehr möglich ist, weil das familiäre Verhältnis zu angespannt ist. Das Ganze als Ausrutscher abzutun und locker darüber hinwegzusehen, ist der falsche Weg.

Wer nicht hören will, muss fühlen

Als Eltern möchten Sie Ihrem Kind natürlich in jeder Notlage beistehen. Das ist nur zu verständlich und meist auch richtig. Aber im Falle von Alkohol- und Drogenkonsum sollten Sie ausnahmsweise davon absehen. Lassen Sie Ihr Kind die vollen Konsequenzen seines Verhaltens spüren. Richten Sie ihm kein Katerfrühstück, schreiben Sie kein Attest für die Schule und lassen Sie Ihr Kind den anfallenden Schaden selbst bereinigen: Das Erbrochene selbst wegzuwischen oder dem peinlichen Verhör durch die Polizei ausgesetzt sein, kann eine heilsame Erfahrung bedeuten.

Ihr Kind hat die erste Freundin oder den ersten Freund

Ein Punkt, der naturgemäß den stolzen Vätern von Töchtern größte Schwierigkeiten bereitet. Zuerst sollten Sie sich klarmachen, dass es dabei nicht nur und schon gar nicht ausschließlich um das Thema Sex geht, sondern vor allem auch um Gefühle. Diese Gewichtung sollten Sie im Gespräch mit Ihrem Sohn oder Ihrer Tochter auch kommunizieren. Eine umfassende Aufklärung ist dennoch wichtig, schließlich steigen die ungewollten Teenager-Schwangerschaften seit einiger Zeit ebenso an wie die HIV-Infektionen.

Zwei Dinge sollten Sie sich bei diesem heiklen Thema von Anfang an bewusst machen. Erstens: Ihre Ängste und Sorgen sind wenigstens zu einem Teil nicht unbegründet. Ja, die erste Liebe kann zu großen Verletzungen bei Ihrem Kind führen und möglicherweise auch zu einem Schritt, der später bereut wird. Zweitens: Sie haben nur begrenzte Einflussmöglichkeiten. Und je härter sie versuchen, hier lenkend einzugreifen, desto höher ist das Risiko, dass Sie das Vertrauen Ihres Kindes verlieren. Sexuelle Erfahrungen können Sie nicht verbieten – wo ein Wille ist, ist auch eine Gelegenheit.

Reden Sie mit Ihrem Kind und hören Sie ihm zu, geben Sie ihm emotionalen Halt, nehmen Sie seine Gefühle ernst, sprechen Sie über Verhütungsmittel und möglichen Missbrauch. Machen Sie Ihrem Kind klar, dass es jederzeit das Recht, hat *Nein* zu sagen! Weder Junge noch Mädchen müssen und sollten etwas tun, das sie nicht wirklich wollen. Liebe ist kein Wettstreit und keine Mutprobe.

Seien Sie in jeder Hinsicht eine ernsthafte Vertrauensperson. Geben Sie Rat, aber kein Gebot. Falls Sie sich in einem Aufklärungsgespräch über Sexualität schwertun, können Sie mit Ihrem Kind an einen Kinder- oder Frauenarzt wenden. Dort werden

Sie bei diesen heiklen Themen gern und kompetent unterstützt. Wichtig ist auch, dass Sie Ihr Kind seine eigenen Erfahrungen machen lassen und nicht Ihre eigenen Erfahrungen – schon gar nicht Ihre eigenen Enttäuschungen! – auf Ihr Kind übertragen.

Ihr Kind hält sich nicht an vereinbarte Zeiten

Grundsätzlich dürfen die Freunde Ihrer Kinder ja viel länger wegbleiben, und die Eltern der anderen sind ohnehin viel cooler und überhaupt. Die leidigen Ausgehzeiten gehören zu den häufigsten Streitpunkten zwischen Eltern und Kindern in der Pubertät. Jammern Sie nicht, schimpfen Sie nicht, machen Sie Ihrem Kind in ruhigem Tonfall klar, dass Sie sich Sorgen machen – und dass Sie auch vonseiten des Gesetzgebers zu diesen Sorgen verpflichtet sind.

In Bezug auf den öffentlichen Raum sind Sie keineswegs frei in der Entscheidung, wie lange Ihr Kind ausgehen darf. Bis in die Puppen in der Disco tanzen – das ist gesetzlich für Minderjährige nicht erlaubt, und auch die Betreiber der entsprechenden Lokalität stehen in der Pflicht. Sie können die Vorschriften des Gesetzgebers dabei zwar eigenmächtig beschränken, nicht aber ausweiten.

Anders sieht es aus, wenn es sich um private Feiern dreht. Ist Ihr Kind bei seinen Freunden, können Sie ihm lange Ausgang gewähren – zumindest in der Theorie.

In der Praxis könnten Sie sich mit Ihrem Kind auf einen Kompromiss einigen – die Zeit wird verlängert, wenn es sich bei Ihnen meldet und auch mitteilt, wie und wann es nach Hause kommt. Im fortgesetzten Konfliktfall sollten Sie unbedingt standhaft bleiben. Hält sich Ihr Kind immer wieder nicht an die von Ihnen gemachten Vorgaben, dann müssen Sie konsequent durchgreifen und zur Not auch eine vorübergehende Ausgangssperre verordnen. Ist es jedoch nur ein seltener Ausrutscher, dem ein ansonsten ordentliches Betragen gegenübersteht, dann können Sie auch einmal ein Auge zudrücken. Versäumen Sie in diesem Fall aber nicht, die Ausnahme auch als solche zu bezeichnen.

Vielleicht lässt sich die Situation auch entschärfen, wenn Sie mit anderen Eltern einen abwechselnden Abholdienst organisieren. So können die Kinder länger feiern und Sie müssen sich keine Sorgen machen.

Ihr Kind verhält sich frech und respektlos

Es ist ganz normal, dass Ihr Kind die Grenzen austestet und ausprobiert, wie weit es gehen kann. Oft ist das dabei an den Tag gelegte unverschämte Verhalten gar nicht persönlich gemeint. Hier ist auf jeden Fall Ihre Selbstbeherrschung gefragt – lassen Sie sich nicht provozieren! Es geht nicht um ein Kräftemessen, das haben Sie nicht nötig, denn Sie sind ohnehin stärker.

Vielleicht sind Sie aber auch ohne es zu wollen mitverantwortlich für das respektlose Verhalten Ihres pubertierenden Nachwuchses. Oft ist Frechheit in der Pubertät auch das Ergebnis Ihrer früheren Erziehung. Wenn Sie es versäumt haben, dem Kind rechtzeitig Grenzen aufzuzeigen und stattdessen viel oder alles durchgehen ließen, kann sich das jetzt auf diese Weise rächen.

Wichtig ist beim Umgang mit Ihrem Kind in jeder Altersstufe Konsequenz. Setzen Sie um, was Sie ankündigen, lassen Sie gesetzte Grenzen nicht nach Belieben aufweichen. Seien Sie aber auch keine Über-Eltern, die ihr Kind vor allem Ungemach behüten wollen. Auch besonders umhegte Kinder neigen während der Pubertät dazu, aus diesem einengenden Schutzgatter auszubrechen.

Kommt es zu frechem und aggressivem Verhalten, dann bleibt Ihnen nur, möglichst ruhig auf Ihren Grundsätzen zu verharren, dem Kind eine verlässliche Konstante zu bieten und für emotionale Nähe zu sorgen. Verkaufen Sie nicht für einen schnellen Friedensschluss Ihre Prinzipien! Diese Ruhe wäre eine nur oberflächliche, und der nächste Konflikt würde umso heftiger ausbrechen.

Ihr Kind hat keine Lust auf Lernen und schreibt schlechte Noten

Ein mehr oder weniger starker Leistungsabfall in der Schule ist während der Pubertät keineswegs ungewöhnlich. Die betroffenen Kinder selbst können dabei nicht einmal unbedingt etwas dafür – jüngste Erkenntnisse der Hirnforschung zeigen, dass sich das Gehirn der Jugendlichen während der Pubertät noch stark weiterentwickelt und dabei nur eingeschränkt leistungsfähig ist. Dazu kommt oft eine körperlich bedingte chronische Müdigkeit, die das konzentrierte Lernen erschwert.

Gleichzeitig sehen die Jugendlichen oft nur wenig Sinn in der Schule und entwickeln und favorisieren ganz andere Interessen. Hier hilft wie stets während der Pubertät kein Aufregen, sondern nur ein ruhiges, sachliches Gespräch. Weiten Sie den Blick Ihres Kindes, sprechen Sie über das große Ganze, über die Lebensziele, Träume und Wünsche. Machen Sie

Ihrem Kind bewusst, dass die Schule nicht Selbstzweck ist, sondern notwendige Voraussetzung und Etappenziel für ein gelingendes Leben. Die pubertierenden Kinder besitzen oft noch keinen Blick für die Zusammenhänge und sehen nur den unmittelbaren und vermeintlich sinnlosen Lernfrust.

Wenn sonst nichts hilft, können Sie auch einfach den Kapitalismus machen lassen: Bieten Sie Ihrem Kind Geld oder andere Prämien für gute Noten. Das kann ein großer Ansporn sein, denn in der Pubertät wachsen auch die Wünsche. Es geht darum, dass Lernen mit einem Ziel zu verknüpfen und nicht als nutzlose Schikane stehenzulassen. Auch das Gespräch mit einer neutralen Person kann hier hilfreich sein – manchmal fällt die Unterhaltung mit den Eltern besonders schwer.

In jedem Fall sollten Sie die Entwicklung Ihres Kindes im Auge behalten. In seltenen Fällen stecken auch schwerwiegendere Gründe hinter dem Leistungsabfall:

Mobbing, Depressionen, Krankheit. Die folgenden Abschnitte bieten Ihnen dazu Informationen.

Ihr Kind wird in der Schule gemobbt

Ein ernstes Thema, das in jüngster Zeit an Bedeutung gewinnt. Sie sollten diesbezügliche Erfahrungen Ihres Kindes unbedingt ernst nehmen, aber nicht sofort überbewerten. Zwischen Teenagern kann es durchaus zu heftigen Auseinandersetzungen kommen, und nicht jeder Streit ist gleichzusetzen mit Mobbing. Mobbing ist eine dauerhafte Schikane, die über einen längeren Zeitraum stattfindet.

Wird Ihr Kind andauernd gehänselt, beleidigt, geschnitten und ausgegrenzt, bedroht oder auf andere Weise schikaniert, vielleicht sogar körperlich angegangen und dabei in eine unterlegene Position gedrängt, dann ist das Mobbing. Mobbing ist nicht zu verwechseln mit einer Rivalität zwischen annähernd gleich starken Kontrahenten, egal ob Jungen oder Mädchen.

Mobbing kann verschiedene Gründe haben – oft genügt schon ein leises Anderssein in irgendeinem vielleicht ganz unbedeutenden Aspekt, der dieses Verhalten der Mitschüler auslöst. Gerade sanfte, zurückhaltende und schüchterne Persönlichkeiten geben dabei dankbare Opfer ab. Beobachten Sie Ihr Kind genau und achten Sie auf alarmierende Veränderungen in seinem Verhalten. Mobbing stellt eine immense seelische Belastung dar, die sich auf die Persönlichkeit ihres Kindes auswirkt.

Wenn Sie glauben, Mobbing bei Ihrem Kind ausgemacht zu haben, dann sollten Sie mit Bedacht handeln. Auch wenn Ihr Kind vielleicht nicht möchte, dass Sie sich einmischen, sollten Sie unbedingt das Gespräch suchen. Zunächst mit Ihrem Kind, das Sie über alle Ihre Schritte informieren sollten. Es ist wichtig, dass es sich von Ihnen verstanden, unterstützt und nicht allein gelassen fühlt.

Dann ist das Gespräch mit dem zuständigen Lehrer wichtig. Von einer überstürzten Kontaktaufnahme mit den Eltern der anderen Kinder sollten Sie absehen –

die wissen oft gar nichts von dem Treiben ihrer Sprösslinge. Gegebenenfalls sollten Sie auch die Schulleitung und die Elternvertretung von dem Problem in Kenntnis setzen. Wichtig ist auch hier eine sachliche Gesprächsatmosphäre – mit harschen Schuldzuweisungen erreichen Sie kein Verständnis, sondern erzeugen nur eine Abwehrhaltung, zumal auch die anderen Eltern ihr Kind schützen möchten.

Ihr Kind wird im Internet gemobbt

Es ist zwar keine gute Idee, die Tagebücher Ihres Kindes zu lesen, aber ein Auge auf die Online-Aktivitäten Ihres Sprösslings sollten Sie durchaus haben. Mobbing im Internet ist dem Mobbing in der Schule sehr ähnlich, nur dass die Schulklasse hier in einem Chatroom oder einem Forum angesiedelt ist und die Täter möglicherweise gar nicht mit ihrem Klarnamen bekannt sind.

Das sogenannte Cybermobbing hat im Extremfall schon zu Suizidgedanken bei den betroffenen Kindern geführt – so weit sollten Sie es nicht kommen lassen. Deshalb kommen Sie nicht darum herum, sich selbst eine gewisse Medienkompetenz anzueignen. So wenig Sie Ihr Kind einfach den ganzen Tag draußen herumstreifen lassen würden, so wenig dürfen Sie es im Internet sich selbst überlassen.

Das Internet ist kein rechtfreier Raum. Sie haben die Möglichkeit, ehrverletzende und rufschädigende

Inhalte löschen zu lassen. Geht es um justiziable Beleidigungen und Hetze, sollten Sie nicht einfach darüber hinweggehen, sondern die entsprechenden Beweise sichern und der Polizei übergeben. Oft hat das Cybermobbing auch seine Wurzeln bei Mitschülern, deshalb ist es auch in diesem Fall hilfreich, den Klassenlehrer Ihres Kindes zu informieren.

Ihr Kind ist süchtig nach einem bestimmten Medium

Wenn Ihr Kind ständig am Handy hängt oder den Ausschaltknopf von Computer und Playstation nur noch als überflüssige Dekoration betrachtet, dann sind Sie als Eltern gefordert. Medienabhängigkeit ist nicht einfach nur schlechtes Betragen oder eine vorübergehende Laune, sondern inzwischen auch als ernsthafte Krankheit anerkannt.

Als besonders riskant gelten in der Tat die vielgeschmähten Computerspiele – von einem prophylaktischen Verbot sollten Sie aber dennoch absehen, da Ihr Kind dann wohl einfach bei seinen Freunden spielen wird und Sie so keinen Überblick über die konsumierten Inhalte mehr haben.

Zwischen Begeisterung für das Hobby und echter Sucht verläuft ein schmaler Grat – wenn Sie bei Ihrem Kind beobachten, dass die Mediennutzung alles andere verdrängt und selbst nach der Schule keine Zeit für soziale Interaktion bleibt, sondern gleich der Platz vor dem Computer oder Konsole eingenommen wird, das Kind dabei gar nicht mehr ansprechbar ist für Sie, dann liegt der Verdacht auf ein krankhaftes Suchtverhalten nahe.

Reagiert Ihr Kind zudem äußerst gereizt und aggressiv auf jede, auch geringfügige Einschränkung der Mediennutzung und kann auch keinen einzigen Tag oder gar eine Woche darauf verzichten, dann sollten Sie einschreiten. Suchen Sie das Gespräch, diskutieren Sie über die aktuellen Spiele, zeigen Sie deren Schwächen und Nachteile auf und suchen Sie nach alternativen Möglichkeiten der Freizeitgestaltung.

Komplette Verbote werden Sie in dieser Sache kaum weiterbringen – aber es hilft schon, wenn Sie es im Vorfeld nicht so weit kommen lassen: Sorgen Sie dafür, dass nicht jede technische Neuerung mitgemacht wird, dass nicht jedes Spiel sofort angeschafft wird, wenn das Kind es sich wünscht. Steuern Sie beizeiten den Medienkonsum, ohne Ihn ganz zu unterbinden. Eine Patentlösung gibt es leider nicht – aber die Absprache mit anderen Eltern, Bekannten und Verwandten hilft dabei, dem Kind eine einheitliche Linie im Umgang mit Medien zu präsentieren.

Ihr Kind ist depressiv und fügt sich selbst Verletzungen zu

Das ist eine sehr ernste Sache, bei der Sie sofort reagieren sollten. Wenn Ihr Kind depressives Verhalten an den Tag legt und sich Selbstverletzungen (Ritzen, Brandwunden etc.) zufügt, braucht es Ihre Hilfe. Aber auch hier gilt es, die Ruhe zu bewahren: Selbstverletzungen sind in der Regel keine Selbstmordversuche – es besteht keine akute Lebensgefahr.

Sie können zunächst das vertrauliche Gespräch suchen und versuchen zu ergründen, was hinter diesem Verhalten steckt und Ihrem Kind so zu schaffen macht. Oft ist die Selbstverletzung ein Ventil, um aufgebauten Druck abzulassen. Wenn Sie sich der Ursache annehmen und diese lösen können, dann beseitigt das auch die Symptome, also die Selbstverletzung.

Sollte das Gespräch nicht zeitnah die gewünschte Wirkung erzielen oder gar nicht zustande kommen, sollten Sie sich ohne falsche Scham die Hilfe eines kundigen Experten einholen. Allein werden Sie dieses Problem kaum bewältigen können!

Ihr Kind ist unzufrieden mit seinem Körper und Aussehen

In der Pubertät hadern Mädchen wie Jungen gerne und ausdauernd mit ihrem Äußeren. Daran haben zum Teil die ungewohnten körperlichen Veränderungen Schuld, aber auch ungute Einflüsse von außen. Hier sind die Eltern gefordert, behutsam, aber entschieden gegenzusteuern.

Ein großes Problem in diesem Zusammenhang sind die vielen fragwürdigen Vorbilder und vollkommen unrealistischen Schönheitsideale, die den Kindern in den Medien rund um die Uhr präsentiert werden. Sagen Sie Ihrem Kind klipp und klar, dass diese Bilder gewollte Lügen sind, Fälschungen, die großenteils am Computer entstehen.

Weisen Sie auch darauf hin, dass sich der Körper eines Menschen in der Pubertät verändert und dass diese Entwicklung jetzt noch nicht abgeschlossen ist –

Stichwort: Das hässliche Entlein, das zu einem schönen Schwan wird. Nehmen Sie die Bedenken Ihres Kindes ernst, aber bestärken Sie es nicht darin. Prüfen Sie, ob Ihr Kind womöglich wirklich Übergewicht hat, weil die Ernährung zu einseitig ausfällt – hier kann man durch mehr Bewegung und eine andere Küche viel bewegen.

Oft fokussiert sich Ihr Kind auch so sehr auf sein Aussehen, weil anderweitige Erfolgserlebnisse ausbleiben. Achten Sie auf die Fähigkeiten Ihres Kindes und suchen Sie nach Möglichkeiten, diese Erfolgserlebnisse zu erzielen – mit dem daraus gewonnenen Selbstbewusstsein rückt die Unzufriedenheit über das Aussehen meist in den Hintergrund.

Ihr Kind will die neueste Markenkleidung

Die Werbeindustrie versteht sich heute ganz meisterlich darauf, Bedürfnisse zu wecken. Kinder sind als Zielgruppe besonders interessant und lukrativ, bekommen sie doch häufig von Eltern, Großeltern, Onkeln und Tanten alle möglichen Wünsche erfüllt – nicht selten auch sehr kostenintensive.

Der Gruppendruck auf die Kinder nimmt zu, wer nicht die angesagten Marken trägt, gilt schnell als Außenseiter. Influencer setzen den Kindern auf Videoportalen wie YouTube kostspielige Flöhe ins Ohr und verdienen daran selbst fürstlich. Selbst Eltern, die es sich leisten können, wollen nicht jede dieser künstlich aufgebauschten Moden mittragen.
Hier ist deshalb Ihr gesunder Menschenverstand gefragt. Schauen Sie sich das Ganze in Ruhe an und treffen Sie dann eine überlegte und vernünftige Auswahl. Einfach alle Wünsche abzublocken, kann

sich auf Ihr Kind negativ auswirken, denn natürlich funktioniert heute der soziale Kontakt zwischen Gleichaltrigen auch über derartige Statussymbole.

Machen Sie dem Kind klar, dass diese Dinge teuer sind und dass das Geld nicht auf den Bäumen wächst. Möglicherweise können Sie eine Übereinkunft treffen, dass der Teenager selbst seinen finanziellen Beitrag leisten muss: Durch das Sparen von Taschengeld oder durch die Erledigung kleiner Arbeiten im Haushalt. Mit Ausnahme von Schuhen, die möglichst gut zu den Füßen des Trägers passen und daher nicht ausgetreten sein sollten, kommen auch preisgünstigere Second-Hand-Stücke infrage.

Das ist doch viel zu teuer! Das können wir uns nicht leisten!

Angesichts der immensen Preise, die für Markenartikel heute aufgerufen werden, fällt die Finanzierung solcher Wünsche vielen Eltern schwer. Das ist keine Schande, sondern ganz normal. Hier

sollten Sie auch ganz offen mit Ihren Kindern sein und die Sache klar benennen.
Setzen Sie sich zusammen und überlegen Sie gemeinsam, welche Lösungen es geben kann. Gebrauchtware wäre vielleicht eine davon. Möglicherweise kann das Kind auch einen kleinen Ferienjob annehmen, mit dem es sich einen besonderen Wunsch erfüllen darf.

Im Internet gibt es bisweilen günstige Angebote, allerdings ist auch Vorsicht vor Betrügern geboten. Auch wenn Sie den Wunsch Ihres Kindes nach Markenkleidung nicht einfach übergehen sollten, darf doch der Hinweis nicht fehlen, dass es im Leben Wichtigeres gibt als die glitzernde Konsumwelt.
Lassen Sie sich selbst nicht nach unten ziehen, sondern leben Sie Ihrem Kind vor, dass das persönliche Lebensglück eines Menschen nicht von solchen Statussymbolen abhängt.

Ihr Kind schwänzt die Schule

Es ist nicht zu leugnen: Die Schule steht bei den meisten Kindern nicht unbedingt auf dem ersten Platz der möglichen Aktivitäten. Es gibt ja auch ohne Zweifel eine Menge Dinge, die deutlich mehr Spaß machen – vor allem, wenn die Noten nicht den Vorstellungen entsprechen.

Wenn Sie mitbekommen, dass Ihr Kind immer wieder die Schule schwänzt, sollten Sie zuallererst nach den Gründen forschen, anstatt eine donnernde Standpauke zu halten. Oft rührt das Schulschwänzen von tieferen Problemen wie zum Beispiel Mobbing her. Vielleicht ist auch eine ausgeprägte Prüfungsangst oder Schwierigkeiten mit einem bestimmten Lehrer die Ursache.

Um das herauszufinden, müssen Sie mit Ihrem Kind reden. Dabei müssen Sie einerseits Geduld, Einfühlsamkeit und Verständnis signalisieren, andererseits aber auch klarmachen, dass es keine

Lösung sein kann, einfach nicht in die Schule zu gehen.

Sprechen Sie so schnell wie möglich mit Ihrem Kind und seien Sie dabei unbedingt direkt und ehrlich. Als erster Schritt nach der Konfrontation des Kindes mit seinem Verhalten könnten Sie es persönlich zur Schule bringen und wieder abholen und so sicherstellen, dass es nicht aus Versehen vom Weg abkommt. Auch ein Gespräch mit dem zuständigen Lehrer kann Ihnen Klarheit verschaffen. Machen Sie Ihrem Sohn oder Ihrer Tochter ruhig deutlich, dass fortgesetztes Schulschwänzen ein Verstoß gegen das Gesetz ist und auch von der Polizei geahndet werden kann.

Im Anfangsstadium des Schulschwänzens können Sie möglicherweise leicht gegensteuern, hat sich das Kind erst einmal daran gewöhnt und ist das Lernversäumnis zu groß, müssen Sie zusätzliche Anstrengungen unternehmen – das kann von dem Gespräch mit einem Therapeuten bis hin zur Nachhilfe alles umfassen.

Ihr Kind schaut Pornos

Früher oder später tun das alle, besonders die Jungs. Wenn Sie Ihren Nachwuchs bei einer derartigen Tätigkeit erwischen, sollten Sie nach Möglichkeit nicht puterrot anlaufen und auch keinen Lärm schlagen. Dieser Umstand bedeutet nicht, dass Sie sich einen kleinen Sittenstrolch herangezogen haben, sondern zeigt erst einmal nur eine ganz normale Neugier an.

Einfach darüber hinweggehen sollten Sie schon deshalb nicht, weil Pornografie den Kindern ein völlig falsches Bild von Liebe und Sexualität vermittelt und sie im Normalfall auch gar nicht einordnen können, was sie da sehen. Skandalisieren Sie den Vorgang keinesfalls, aber setzen Sie sich in Ruhe mit Ihrem Kind zusammen und erklären Sie, dass das, was in diesem Filmen und auf diesen Bildern zu sehen ist, nichts mit dem wirklichen Leben zu tun hat.

Kinder sprechen natürlich nicht so gern mit ihren Eltern über diese Erfahrungen. Im Zweifel ist es ihnen lieber, an den Storch zu glauben, als ihre Eltern mit Sexualität in Verbindung zu bringen. Deshalb ist hier eine neutrale Vermittlerperson oft die bessere Wahl. Ein älterer Bruder, ein cooler Onkel oder eine vertrauenswürdige Tante.

Wenn ein Kind im Internet einmal über eine pornografische Darstellung stolpert, ist das noch kein Weltuntergang. Stellen Sie aber fest, dass derartige Inhalte regelmäßig gesucht und betrachtet werden, dann sollten Sie dem entgegenwirken. Zur Not hilft auch hier ein Gespräch mit einem Arzt Ihres Vertrauens. Ein übermäßiger Konsum solcher Inhalte kann zum einen zur Sucht werden und zum anderen auch die Erwartungen an eine Beziehung negativ beeinflussen.

Ihr Kind konsumiert gewalttätige Inhalte

Gefährlicher als Pornografie sind gewalttätige Inhalte, wobei nicht nur an fiktive Computerspiele zu denken ist, sondern auch an Filme über Terroranschläge, Überfälle, Folter, Vergewaltigungen und ähnliches. Im Internet bekommt ein Kind leider schnell Inhalte zu sehen, die sein Fassungsvermögen überlasten – oft gehen solche Videos auch im Schulkreis umher und werden über Handy getauscht.

Oft werden Sie das gar nicht oder erst später mitbekommen – deshalb sollten Sie tun, was gute Eltern immer tun: Haben Sie ein Auge auf Ihr Kind, sodass Sie Veränderungen in der Persönlichkeit möglichst rasch erfassen. Bieten Sie Ihrem Kind immer ein offenes Ohr und reagieren Sie einfühlsam auf geäußerte Ängste oder Sorgen – selbst wenn es sich dabei nur um leise Andeutungen handelt

Stellen Sie eine fortgesetzte und wachsende Faszination für Gewalt und grausame Szenen fest, sollten Sie das Gespräch mit einem Lehrer und möglicherweise auch mit einem Arzt suchen. Ein Psychologe kann dabei helfen, diese gefährliche Begeisterung wieder zu lösen.

Aber reagieren Sie nicht vorschnell: Nur weil Ihr Kind einmal Interesse an einem Erwachsenenfilm oder einem gewalthaltigen Computerspiel zeigt, müssen Sie noch keine künftigen Bluttaten fürchten. Es ist das fortgesetzte Interesse und ein entsprechendes Verhalten, dass Ihnen Sorgen machen muss.

Ihr Kind ernährt sich richtig ungesund

Fastfood und Süßigkeiten sind bei Kindern und Jugendlichen sehr beliebt und werden gern konsumiert. Gänzlich unterbinden können und sollen Sie das nicht – aber es hilft, wenn Sie diese Wünsche nicht zur Alltagserfahrung machen. Legen Sie in der Familie Wert auf eine gesunde, vollwertige Ernährung und sorgten Sie dafür, dass Cola, Chips und Hamburger als Ausnahmen aufgefasst werden. Totale Verbote sind wenig hilfreich und erhöhen nur den Reiz. Finden Sie lieber einen maßvollen Mittelweg.

Seien Sie außerdem ein Vorbild! Es ist wenig glaubhaft, wenn Sie Ihr Kind zu gesunder Ernährung anhalten und dann ständig die Hand in der Chipstüte haben. Es schadet auch nichts, wenn Sie Ihr Kind für den Wert des Essens sensibilisieren und ihm vermitteln, wie für billige Nahrungsmittel Natur und Tiere leiden müssen. Sorgen Sie außerdem für regelmäßige Mahlzeiten am Küchen- oder Esstisch und achten Sie darauf, dass die Kinder möglichst wenig nebenbei vor dem Fernseher oder dem Computer naschen.

Ihr Kind geht nicht mehr nach draußen

Ein altes Problem, das übrigens nicht erst in der Pubertät auftritt. Auch unter kleineren Kindern kann es mitunter bereits verpönt sein, nach draußen zu gehen. Die Gründe dafür sind vielfältig. Oft steckt eine übertriebene Begeisterung für Unterhaltungsmedien dahinter – daheim vor der Playstation ist es vermeintlich viel spannender als draußen an der frischen Luft. Aber wie damit umgehen?

Druck und Zwang sind in jedem Fall der falsche Ansatz. Auch der drängende Vorschlag, doch wieder einmal diesen oder jenen Schulfreund zu besuchen, wird von den Jugendlichen meist sofort entlarvt. Dahinter muss sich keineswegs eine Sozialphobie verbergen – es ist normal, dass sich Kinder in der Pubertät zurückziehen und Kontakte meiden.

Sein Sie geduldig und behalten Sie die Sache im Auge: Will Ihr Kind plötzlich und dauerhaft nicht mehr zur Schule, überhaupt keine anderen Leute treffen und nicht mehr auf die Straße hinaus, zeigt es Anzeichen von Panikattacken und vergräbt es sich ganz in virtuellen Welten, dann kann unter Umständen eine Sozialphobie vorliegen und die Hilfe eines Therapeuten angebracht sein.

Einer solchen Entwicklungen vorbeugen können Sie, indem Sie beizeiten das Selbstbewusstsein Ihres Kindes stärken und eine gute Beziehung zu ihm pflegen. Bleiben Sie am Ball, reden Sie über alles, was Ihr Kind beschäftigt und sorgen Sie für Erfolgserlebnisse.

Gespräche in der Praxis

Typische Konflikte zwischen Eltern und Kindern treten häufig im Gespräch auf. Denn während die Eltern für Kinder noch die großen Vorbilder waren, wirken die Teenager nun verschlossen und abweisend, wenn nicht sogar respektlos und frech. Folgende Gesprächssituationen sind typisch:

Keinen Bock auf ein Gespräch?

Der Teenager verabschiedet sich und geht zur Tür, woraufhin die Mutter fragt, wohin er denn gehe. „Zu Freunden“, lautet die lapidare Antwort. Auf die Frage, zu welchen Freunden, antwortet der Teenager, dass die Mutter diese sowieso nicht kenne. Sie ermahnt ihn daraufhin, rechtzeitig zum Abendessen wieder zurück zu sein, woraufhin der Teenager genervt entgegnet: „Jaaa, wenn´s denn sein muss. Kann ich jetzt endlich gehen?“

Der Teenager gibt sich also genervt und wortkarg. Unter Umständen gehen Teenager in einer derartigen Situation auch auf Konfrontationskurs, wollen unbedingt provozieren und zeigen sich aggressiv.

Die Hormonschübe während der Pubertät stürzen die Jugendlichen in ein tiefes seelisches Ungleichgewicht. Eltern können dies trotz der schwierigen Kommunikation nur dadurch auffangen, dass sie sich für die Dinge im Leben ihres Kindes interessieren, auch wenn dies scheinbar unwichtig erscheint. Mit Ausdauer und Geduld entwickeln die Eltern dann auch die nötige Sensibilität dafür, wann ein guter Augenblick ist, ein Gespräch zu führen oder Fragen zu stellen. Des weiteren ist es wichtig, dass die Eltern ihren Kindern ein Stück Privatsphäre lassen.

Wenn Liebe und Sex ins Spiel kommen

Spätestens wenn der erste Freund oder die erste Freundin ins Spiel kommt, versuchen die Eltern immer wieder, die Themen Sex und Verhütung anzuschneiden. Die Teenager blocken in diesem Fall meist ab, weil ihnen das Thema unangenehm ist. Die typische Antwort einer Jugendlichen könnte in etwa lauten: „Ich war vor ein paar Wochen beim Frauenarzt und hab mir vorsichtshalber die Pille verschreiben lassen."

Sprechen Eltern dieses sensible Thema an, handeln sie eigentlich sehr mutig. Denn auch ihnen ist es oft unangenehm, über Sex zu sprechen. Trotz des Aufklärungsunterrichts in der Schule kann es durchaus sinnvoll sein, mit den Kindern über Sex und mögliche Geschlechtskrankheiten und ähnliche Themen zu sprechen. Halten die Eltern ihre Kinder für zu jung für Sex, sollten sie das durchaus ansprechen, aber dabei auch dem Jugendlichen die Gelegenheit dazu geben, seinen Standpunkt zu vertreten. Damit signalisieren

Muttis und Vatis, dass sie jederzeit ein offenes Ohr für die Sorgen und Nöte ihres Sprösslings haben.

Wenn die Kinder zu Kratzbürsten werden

Nicht selten kommt es vor, dass Jugendliche während der Pubertät zu kleinen, kratzbürstigen Monstern werden, Türen zuschlagen und sich an keinerlei Regeln und Vereinbarungen mehr. Darauf angesprochen geben die Teenager allenfalls eine patzige Antwort – wenn überhaupt – oder sie schmollen schweigend.

Jugendliche wollen während der Pubertät ihre Grenzen ausloten und scheinen es mit ihrem Verhalten geradezu darauf anzulegen, die Eltern schnellstmöglich zur Weißglut zu treiben. Auch wenn das Nerven kostet, sollten die Eltern diesen Konflikten keinesfalls aus dem Weg gehen und eine klare Linie vorgeben. Bewährt hat es sich, stets ein kleines Stück Freiheit zu gewähren, wenn die Jugendlichen sich an Vereinbarungen gehalten oder anderweitig Verantwortung übernommen haben. Auch ein wenig Spielraum sollten die Regeln bieten, weil sich dadurch Provokationen und unnötige Diskussionen vermeiden lassen.

Provokation um jeden Preis

Im Lauf der Pubertät ändert sich sowohl der musikalische als auch der modische Geschmack. Das unterstreichen sie allzu gern mit dem entsprechenden Outfit, was regelmäßig zu einem Streit führt. Umso mehr, wenn die Jugendlichen ihre äußerliche Veränderung unangekündigt und für die Eltern überraschend präsentieren, beispielsweise, wenn die Haare gefärbt werden oder plötzlich ein Irokesenschnitt den Kopf ziert.

Teenager definieren sich ebenso wie in Erwachsene über ihr Aussehen. Mit ihren modischen Überraschungen wie Piercings und Tattoos wollen sie sich einerseits von den Eltern abgrenzen, andererseits aber auch ihre eigene Persönlichkeit finden und definieren. Bei körperlichen Veränderungen, die sich nicht umkehren lassen, sollten die Eltern mit Fingerspitzengefühl Grenzen setzen, bei der Frage der richtigen Klamotten eher nicht.

Der Streit um das Kinderzimmer

Nicht selten erklären Jugendliche ihr Zimmer zu einer elternfreien Zone und fordern, vor dem Eintreten anzuklopfen. Sie beharren auf ihrer Privatsphäre und mögen es gar nicht, wenn ihnen die Eltern über die Schulter schauen, während sie auf Facebook mit ihren Freunden chatten.

Jugendliche ziehen sich mit Beginn der Pubertät zurück und wollen Zeit für sich allein haben, was die Eltern als Zurückweisung empfinden. Oft haben sie auch das Gefühl, dass ihnen ihre Kinder etwas verheimlichen. Das ist auch gut möglich, weil Jugendliche ihre Sorgen und Nöte lieber mit gleichaltrigen besprechen. Die Eltern sollten ihre Bedenken und Ängste offen aussprechen und vorsichtig nachfragen, ob alles in Ordnung ist, um die Vertrauensbasis nicht zu gefährden.

Das Ausgehen: ein leidiger Streit

„Ich bin doch kein kleines Kind mehr und kann auf mich selbst aufpassen“, lautet eine typische Ansage von Jugendlichen, wenn es um die Frage des Ausgehens geht. Denn nahezu jeder Jugendliche hat gleichaltrige Freunde, die viel länger ausgehen dürfen als er. Antworten die Eltern mit „du bist aber nicht der oder der“, ist die Eskalation dieses Konflikts schon vorprogrammiert.

Im Prinzip sind die Eltern im Recht, weil die Ausgehzeiten durch das Jugendschutzgesetz vorgegeben sind. Allerdings hängen die Ausgehzeiten davon ab, in welchem Rahmen Veranstaltungen stattfinden. Bei privaten Geburtstagsfeiern etwa können sich die Eltern durchaus auf einen Kompromiss einlassen, wenn eine Aufsicht vorhanden ist. Damit geben sie ihm das Gefühl, sich durchsetzen zu können und fördern indirekt auch das Verantwortungsgefühl.

Streit richtig schlichten

Zu keinem Zeitpunkt im Leben kommt es so oft zu Streitereien zwischen Eltern und Kindern wie in der Pubertät. Bei so manchen Streitpunkten, die immer wieder auf den Tisch kommen, haben die Eltern oft das Gefühl, dass es einfach keine Lösung zu geben scheint, um den Konflikt zu beenden. Dennoch sollten die Eltern versuchen, eine Lösung zu finden, die sowohl für sie selbst als auch für das Kind vertretbar ist. Derartige Lösungen können aber nicht elterlich verordnet werden, sondern müssen gemeinsam mit dem Kind erarbeiten. Beide Seiten müssen dafür ihre Einstellung und die innere Haltung erkennen, wobei folgende Fragen helfen?

Besteht die Bereitschaft zur Konfliktlösung?

Fehlt auf einer Seite der Wille, den Konflikt zu lösen, ist auch der entsprechende Versuch vergebliche Liebesmüh. Die Eltern sollten also überprüfen, wie es um ihre Gemütslage steht und sich überlegen, ob sie bereit sind, mit dem Kind freundlich und sachlich zu diskutieren, aufmerksam zuhören und auch zu Kompromissen bereit sind.

Ist das nicht der Fall, sollten sich die Eltern erst einmal ein wenig zurücknehmen und abwarten, bis sie für eine mögliche Lösung des Konflikts auch bereit sind. Diese Zeit sollte aber auch dem Kind gegeben werden. Dabei sollten Eltern vor allem berücksichtigen, dass starke Stimmungsschwankungen in der Pubertät völlig normal sind.

Was steckt hinter dem Verhalten?

Wer in Ruhe über das Verhalten des Kindes und des Partners nachdenkt, sollte sich bei dieser Gelegenheit auch die Frage stellen, was hinter dem eigenen

Verhalten eigentlich steckt, also welche Bedürfnisse und welche Gefühle. Wichtig sind diese Fragen insofern, weil es eine befriedigende Lösung des Konflikts nur geben kann, wenn auf die Bedürfnisse und Gefühle aller Beteiligten Rücksicht genommen wird.

Was macht das „innere Team"?

Nicht minder wichtig ist die Frage, welche Rolle jeder einzelne bei einem Konflikt mit dem Kind einnimmt. Diese Frage basiert auf dem Konzept des „inneren Teams", welches der Kommunikationswissenschaftler Friedmann Schulz von Thun entwickelt hat. Dieser geht davon aus, dass Menschen in jeder beliebigen Situation unterschiedliche Verhaltensmöglichkeiten haben, zwischen welchen sie auswählen können. Der Mensch kann bei Bedarf also in verschiedene Rollen hinein schlüpfen, sofern er sich dieser bewusst ist. Dies führt dazu, dass jeder Mensch auch über sein eigenes Verhalten in Konfliktsituationen nachdenken kann.

Das Ziel: eine gute Lösung für allenfalls

Sind alle Fragen geklärt, geht es nun darum, nach einer Lösung zu suchen, die für alle Beteiligten tragbar ist, was mitunter nicht einfach ist. Um ungewollte Kompromisse zu vermeiden, sollte nach dieser Lösung des Konflikts gemeinsam mit dem Kind gesucht werden.

Die Pubertät zu einer schönen Zeit machen

Die Pubertät ist nicht nur für die Eltern, deren Kinder sich gerade in dieser Lebensphase befinden, sondern auch für die Jugendlichen selbst. Schließlich verändert sich ihr Körper radikal und sie müssen nun mit Gefühlen klarkommen, die sie vorher nicht gekannt haben. Hinzu kommen auch noch die hormonell bedingten Stimmungsschwankungen, die den Jugendlichen selbst mindestens ebenso zu schaffen machen wie ihrem Umfeld. Eltern sollten also versuchen, die Phase der Pubertät für ihre Kinder so schön wie möglich zu gestalten, statt unnötig Druck auszuüben.

Wenn die Schule plötzlich keinen Spaß mehr macht

Selbst bei guten Schülern besteht die Gefahr, dass die schulischen Leistungen massiv nachlassen, ohne dass es dafür einen ersichtlichen Grund gäbe. Ein Grund dafür kann darin liegen, dass das bestehende Schulsystem starr, veraltet und verkrustet ist. Durch den Frontalunterricht haben die Lehrkräfte auch keine Möglichkeit, auf die individuellen Bedürfnisse ihrer Schüler einzugehen, geschweige denn, schwächere Schüler individuell zu fördern.

Das wiederum führt dazu, dass die Jugendlichen den Spaß an der Schule verlieren und sich oft auch fragen, wozu das viele Lernen den bitteschön gut sein sollte. Vielfach laufen die Kinder in dieser Zeit dann ziellos herum, was mit nicht unerheblichen Gefahren verbunden ist. So ist es leicht möglich, dass die Jugendlichen in ein falsches Umfeld geraten und irgendwann zu Alkohol und Drogen greifen. Nicht zu unterschätzen sind diese Gefahren auch für Mädchen, die vielleicht sexuell belästigt werden könnten.

Es reicht bei weitem nicht aus, wenn die Eltern den Kindern immer wieder klarmachen, dass die Schule wichtig für das ganze Leben ist, weil ja auch die beruflichen Möglichkeiten und die Karrierechancen von der schulischen Ausbildung abhängen. Vielmehr wäre es wichtig, die Jugendlichen dazu zu ermutigen, sich Ziele im Leben zu setzen, was sich auf lange Sicht gesehen positiv auf die schulischen Leistungen auswirkt.

Enorm wichtig ist in diesem Zusammenhang, dass Eltern ihre Kinder in jedweder Hinsicht zu fördern. Denn das macht es auch möglich, Leidenschaften und Talente zu entdecken, die im schulischen Alltag vermutlich unentdeckt geblieben wären. Das Kind sollte die Möglichkeit haben, vieles auszuprobieren, beispielsweise:

- Sport
- Ein Musikinstrument lernen
- In einer Band spielen

- Kreativ werden, etwa durch Malen oder plastisches Gestalten

Eine weitere Möglichkeit besteht darin, dem Kind klar zu machen, dass das Geld ja schließlich von irgendwoher kommen muss. Ab einem bestimmten Alter kann das Kind sogar einen kleinen Nebenjob machen und sich somit sein eigenes Geld verdienen. Den Verdienst kann das Kind dann für Dinge ausgeben, die von den Eltern außer der Reihe nicht erlaubt werden, etwa ein neues Handy. Zudem bietet der Nebenjob dem Jugendlichen die Möglichkeit, neue Stärken an sich zu entdecken.

Was die Pubertät für Jugendliche schön machen kann

Ungemein wichtig für Jugendliche ist, dass die Eltern auch einmal ein Lob aussprechen. Schließlich braucht jeder Mensch Anerkennung und Zustimmung. Das gilt insbesondere für Teenager, die sich ohnehin in einer schwierigen Lebensphase befinden. Werden sie selbst und ihre Fähigkeiten nicht entsprechend wertgeschätzt, macht sie das unsicher und unglücklich. Das eine oder andere Lob hingegen stärkt das Selbstvertrauen und hat eine motivierende Wirkung, sofern es ehrlich gemeint ist.

Allerdings sollten die Eltern dabei einen Fehler vermeiden: Die Generation ihrer Großeltern übte an Kindern oft verletzende Kritik, was zu einer angstvollen Abhängigkeit von den Eltern führte. Die heutige Elterngeneration macht hingegen oft genau das Gegenteil: Sie überschüttet das Kind geradezu mit Zustimmung und Wertschätzung.

Lob sollte vielmehr in der richtigen Dosis und bei einem angemessenen Anlass ausgesprochen werden. Etwa wenn das Kind den Tisch gedeckt oder ein Fußballturnier gewonnen hat. Weil dies ganz unterschiedliche Anlässe sind, muss die Anerkennung auch dem jeweiligen Anlass entsprechend erfolgen. Ferner besteht bei übermäßigem Lob die Gefahr, dass ein Kind eine Leistung nur wegen der Aussicht auf die Belohnung erbringt und langfristig sogar die Motivation zur Leistungserbringung aus eigenem Antrieb verliert.

Zeit für Zärtlichkeit

Der Gedanke, dass Teenager schon zu groß für elterliche Zärtlichkeiten sind, ist im Kopf der Erwachsenen tief verwurzelt. Auch wenn sich die Teenager kratzbürstig aufführen, so sind körperliche Zärtlichkeiten für sie doch ungemein wichtig. So löst eine Umarmung Emotionen wie Stress, Angst, Einsamkeit, Niedergeschlagenheit, Wut oder Kummer in aller Regel sehr viel besser als tiefschürfende Gespräche. Der Grund dafür ist einfach: Zärtlichkeiten und Liebe sind menschliche Grundbedürfnisse, weil beides eine Verbindung zu anderen Menschen schafft und somit ein Zugehörigkeitsgefühl entsteht.

Zu sagen „Ich liebe Dich!“ reicht jedoch bei weitem nicht aus. Kinder erfahren Liebe nämlich in aller Regel über die Haut, das größte Sinnesorgan des Menschen. So führt eine feste Umarmung dazu, dass der Körper Glückshormone ausschüttet, die auch eine beruhigende Wirkung haben. Zugleich sinkt bei einer Umarmung der Spiegel des Stresshormons Cortisol.

Selbstvertrauen und Sicherheit entwickeln Kinder, wenn eine feste und verlässliche Beziehung zu einer Vertrauensperson besteht. Um diese Beziehung zu stärken, sind eben auch regelmäßige Umarmungen notwendig.

Die Freunde akzeptieren

Dass sich Kinder und Jugendliche zu Gangs oder Cliquen zusammenschließen, hat beileibe keinen kriminellen Hintergrund. Dieser Zusammenschluss ist vielmehr Teil der normalen Entwicklung. Zunächst einmal lernt ein Kind, Freundschaft mit einzelnen anderen Kindern zu schließen. Die Fähigkeit, Anschluss zu einer Gruppe zu finden, ist jedoch ein zweiter Grundpfeiler einer gesunden sozialen Entwicklung, weil sich in der Gruppe ein starkes Loyalitätsgefühl entwickelt.

Schließlich bilden sie als Teil einer Gruppe oder Clique Gemeinsinn heraus. Sie können sich einfühlsam und solidarisch verhalten, dürfen sich aber auch ungestraft einmal so richtig daneben benehmen. Ihre Grenzen lernen Kinder ausschließlich dadurch, indem sie Grenzerfahrungen machen, wofür sie jedoch auch den entsprechenden Freiraum brauchen, in dem sie nahezu alles machen können, was sie wollen, ohne dass das unangenehme Folgen für sie hat. Und genau das ist in einer Gruppe möglich, weil hier andere Regeln herrschen als unter Erwachsenen.

Völlig unberechtigt ist in den meisten Fällen übrigens auch die Sorge, dass die Clique einen schlechten Einfluss auf das Kind hat. Auf die schiefe Bahn geraten Kinder, wenn sie aus einem zerrütteten Elternhaus stammen und dort lediglich Desinteresse und Lieblosigkeit erfahren haben. Die Gruppe hingegen stellt oft sogar einen Schutz für Kinder und Teenager dar, weil sie nicht mehr alleine unterwegs sind.

Feste Regeln ohne Bevormundung

Wird ein Kind ohne Grenzen und Maßstäbe erzogen, ist im späteren Leben egoistisches Verhalten die Folge. Auch wenn die Familie wie ein lebendiger Organismus betrachtet werden kann, der einen Hauch Chaos durchaus vertragen kann, braucht es doch feste

Regeln und Strukturen für alle Mitglieder. Keinesfalls dürfen Eltern ihre Kinder dabei aber bevormunden, weil jedes Kind auch seinen Freiraum braucht, in dem es eigene Entscheidungen treffen kann.

Ein paar Geschichten zum Schmunzeln

Pubertierende: eine ganz besondere Spezies der Gattung Mensch

Pubis, also Pubertierende, wie diese Generation auch genannt wird, verstehen Erwachsene in etwa so einfach wie die Grundprinzipien der Quantenphysik. Sehr oft treten die typischen Pubis in wahren Horden auf, wobei sich teilweise bis zu 20 Pubertierende in einem einzigen Zimmer stapeln. Wird die Tier geöffnet, ergreift in aller Regel die Katze – sofern eine im Haushalt vorhanden ist – panisch und auf der Suche nach Sauerstoff panisch die Flucht. Denn der gemeine Pubertierende hält Sauerstoff für ein nahezu tödliches Element.

Individulisten oder doch nicht?

Äußerlich sind sich Pubertierende trotz aller Individualität im Grunde sehr ähnlich: Sie tragen lange Haare, welche ihnen in ihr pickeliges Gesicht fallen und tragen viel zu große Klamotten mit sehr langen Ärmel, die oft bis über die Hände reichen. Für die Pubertierenden bietet dieser Look durchaus Vorteile, wird es ihnen doch modisch unmöglich gemacht, im Haushalt zu helfen. Und auch die Schuhe der Pubis sind uniformiert gehalten. Denn Schuhe ohne Stahlkappen gehen für sie gar nichts. Dabei tragen sie sämtliche Klamotten in Etagen übereinander.

Die Jeans macht einen so verschlissenen Eindruck, dass man sie bei der Altkleidersammlung vermutlich ablehnen würde. Darüber folgt ein T-Shirt der Größe Möglichst-viel-Xen-L. Darüber folgen eine Jeansweste sowie eine etwas knapp bemessene Jeansjacke. Und dieses Outfit wird zu jeder Jahreszeit getragen, weil ein Indianer ja nicht nur keinen Schmerz, sondern auch keine Hitze oder Kälte kennt.

Obwohl ein Pubi am heimischen Küchentisch üblicherweise nichts isst, lässt er sich doch einfach ernähren – wenn sich ein Fast-Food-Restaurant in der Nähe befindet. Grundsätzlich plündert der gemeine Pubi den Kühlschrank auch unmittelbar vor oder nach den gemeinsamen Mahlzeiten. Alternativ – wenn er sich gerade in einer längeren Schmollphase befindet – ernährt er sich der Einfachheit halber ausschließlich von Chips und Cola, weil er dann sein Zimmer nicht verlassen muss.

Bezüglich des Wohnens sind Pubis äußerst umweltbewusst. Denn das typische Pubi-Zimmer erinnert ein wenig an eine Müllkippe. Die verschiedenen Bereiche sind jedoch nicht getrennt, sondern schön durcheinander gemischt.

Wann beginnt die Pubertät?

Weil Pubis heutzutage ein Handy besitzen, blockieren sie nicht mehr ständig das Telefon, sobald sie wach sind, dafür sitzen sie aber umso länger im Badezimmer. Denn das richtige Styling für das Treffen mit der Clique oder die Fete dauert Stunden – obwohl hinterher optisch kein allzu großer Unterschied erkennbar ist. Lediglich das Gesicht macht einen etwas aufgequollenen Eindruck, weil die vielen Pickel ausgedrückt werden mussten.

Sportverletzungen ertragen männliche Pubis übrigens heldenhaft und tragen Verbandsmaterialien stolz wie Kriegsveteranen. Eine Erkältung hingegen ist eine Katastrophe, nur ganz kurz vor dem Weltuntergang. Daran leidet er über Wochen hinweg und wähnt sich permanent im Sterbebett. Es gibt also sehr wohl Ähnlichkeiten zwischen Pubis und Erwachsenen. Schließlich ist so mancher Herr der Schöpfung, dafür bekannt, bei einem Schnupfen mindestens einmal pro Tag das Leiden Christi zu inszenieren.

Schlusswort

So, das war's. Sie haben es geschafft. Nein, nicht die Pubertät Ihres Kindes. Die dauert wahrscheinlich noch ein bisschen länger an. Aber wenn Sie bis zu diesem Schlusswort gekommen sind und die vorigen Abschnitte alle gründlich gelesen haben, dann sollte die Pubertät einiges an Schrecken eingebüßt haben.

Es gibt zum Thema Pubertät viele Vorschläge, Empfehlungen und Konzepte. Aber über allem steht eine Weisheit, die Ihnen Ihr gesunder Menschenverstand wahrscheinlich längst selbst verraten hat: Pflegen Sie eine gute Beziehung zu Ihrem Kind, schenken Sie ihm Vertrauen, Wärme und viel Liebe. Je stabiler Ihre Beziehung zu Ihrem Kind ist, desto weniger Schaden kann die Pubertät anrichten.

Ja, es mag Fälle geben, wo Sie trotzdem ratlos und schrecklich genervt sind. Aber das bleibt nicht so.

Eine ultimative Gebrauchsanweisung für Kinder ohne Lücken gibt es nicht, und ganz bestimmt werden Sie Fehler machen. Aber unter dem Strich werden Sie es ganz wunderbar hinkriegen – weil Ihnen Ihr Kind verdammt wichtig ist. Und solange Ihr Kind das spürt, wird es auch weiter mit Ihnen gehen, auch wenn es hin und wieder abseits des Weges stromert.

Wir jedenfalls freuen uns, dass Sie ein Stück dieses Weges auch mit uns gegangen sind und wünschen Ihnen und Ihren Kindern nur das Allerbeste! Und denken Sie daran: Manchmal können auch die Eltern von den Kindern noch etwas lernen…

10 Tage Meditation

Tag 1

Rechtliches

Impressum

Matthias Lichtenberger wird vertreten durch:

Finn Dubbels

Hofweg 86

22085 Hamburg

Coverbilder

[

Lomachevsky] | [depositphotos.com]

bearbeitet von: oliviaprodesign– fiverr.com

Haftung für externe Links

Das Buch enthält Links zu externen Webseiten Dritter, auf deren Inhalt der Autor keinen Einfluss hat. Deshalb kann für die Inhalte externer Inhalte keine Gewähr übernommen werden. Für die

Inhalte der verlinkten Webseiten ist der jeweilige Anbieter oder Betreiber der Webseite verantwortlich. Die verlinkten Seiten wurden zum Zeitpunkt der Verlinkung auf mögliche Rechtsverstöße überprüft. Rechtswidrige Inhalte waren zum Zeitpunkt der Verlinkung nicht erkennbar. Eine permanente inhaltliche Kontrolle der verlinkten Webseiten ist jedoch ohne konkrete Anhaltspunkte einer Rechtsverletzung nicht zumutbar. Bei Bekanntwerden von Rechtsverletzungen werden derartige Links umgehend entfernt.

Printed in Poland
by Amazon Fulfillment
Poland Sp. z o.o., Wrocław

89921533R00078